AF347339

LE CHRISTIANISME

EN CHINE ET AU THIBET

PAR

M. L'ABBÉ HUC

Extrait du **CORRESPONDANT**.

PARIS

CHARLES DOUNIOL, LIBRAIRE-ÉDITEUR

29, RUE DE TOURNON, 29.

1857

PARIS. — IMP. SIMON RAÇON ET COMP., RUE D'ERFURTH, 1.

LE CHRISTIANISME EN CHINE ET AU THIBET

PAR M. L'ABBÉ HUC.

Il est reçu que le monde est découvert, qu'on en connaît tous les recoins, que la géographie européenne en a fait la carte complète, peut-être même la statistique; qu'il n'y a plus rien à explorer. On ajoute que la foi chrétienne a été prêchée partout et que le monde peut prendre fin. Il y a cependant, à ces assertions, quelque chose à redire. Il est assez vrai, sauf quelques exceptions, que nous avons à peu près circumnavigué toutes les côtes, que nous avons dressé une carte marine du monde passable, sauf bien des compléments et des corrections. Mais l'intérieur des terres, qui le connaît? Qui a traversé l'Afrique de part en part? Qui a reconnu les sources du Nil blanc et du Nil bleu? Qui a fait une carte, seulement approximative, des pays des Patagons et des pampas de l'Amérique du Sud? Dans l'Asie même, ce vieux continent, notre plus proche voisin et notre sœur aînée, dans l'Asie, où la vie historique, politique, sociale, religieuse, est si ancienne, que de coins nous sont inconnus! La Tartarie indépendante, jadis riche et peuplée, est demeurée un désert où nul ne pénètre, mais que les géographes européens, il est vrai, savent d'intuition, comme tant d'autres choses. Du Japon, quoi qu'en disent nos cartes, qui sait quelque chose, si ce n'est les Américains qui ont braqué leurs canons en face d'un de ses ports, ou les quelques Hollandais qui ont langui dans l'îlot de Nagasaki? Nous avons des centaines de livres écrits sur la Chine par des voyageurs qui n'ont vu absolument autre chose que Macao et un faubourg de Canton. Nos missionnaires seuls ont vu l'intérieur de la Chine, et encore n'ont-ils pas la prétention d'en faire la carte. Qui est allé au Thibet depuis le quatorzième siècle, si ce n'est l'auteur du présent ouvrage, un Anglais qui l'avait précédé, et le P. d'Andrada au dix-septième siècle? Encore aucun d'eux n'y est-il resté longtemps.

Nous sommes donc encore, malgré la boussole, la vapeur, les chemins de fer, le télégraphe électrique et les allumettes chimiques, de grands ignorants, et nous le serons longtemps. Nous avons fort

à faire avant de tout connaître, même dans cette humble et ma-
térielle science qu'on appelle la géographie de notre planète. Nous
avons fort à faire en fait d'exploration, et bien plus à faire surtout
en fait de propagation de la foi : car de tous ces pays, ou mal connus,
ou tout à fait inconnus, les uns n'ont pas reçu la prédication chrétienne;
les autres, s'ils l'ont reçue, ne l'ont pas acceptée : le bon grain, ou n'a
pas été semé du tout, ou est tombé sur la pierre. L'intérieur de l'Afrique
n'a jamais ouï parler du christianisme ; l'extrémité de l'Amérique mé-
ridionale pas beaucoup plus. Le Thibet et la Tartarie indépendante,
s'ils ont été évangélisés, ne l'ont pas été depuis le quatorzième
siècle. Tout le nord de l'Asie ne l'a jamais été que par des schismati-
ques. Bien des îles de l'Océanie n'ont été évangélisées (si je puis em-
ployer ici ce mot) que par des protestants. L'intérieur de l'Australie
est une lettre morte, inconnue de tous, protestants et catholiques, missionnaires et voyageurs. Il y a donc encore beaucoup à explorer,
beaucoup à apprendre, beaucoup à voyager, et surtout beaucoup à
convertir.

Il s'agit, dans le livre dont on vient de lire le titre, de quelques-unes de
ces contrées inconnues. L'auteur est à cette heure le seul Européen qui
ait vu Lhassa, un des rares Européens qui ont vu Pékin. Mais il ne prétend pas, dans ses aventureux voyages, n'avoir été précédé par per-
sonne. Au temps où il n'y avait ni chemins de fer ni bateaux à vapeur,
Lhassa et Pékin étaient cependant plus près de Paris et de Rome qu'ils
ne le sont aujourd'hui : la foi anéantissait les distances plus sûrement
alors que la vapeur ne le fait en notre siècle. La Tartarie et le Thibet
étaient plus parcourus et mieux connus; il y avait des marchands gé-
nois à Pékin et des missionnaires franciscains partout. Nul homme, de
nos jours, n'a encore renouvelé les voyages de Jean de Carpin, de
Rubruquis et de Marco Polo. C'est l'histoire de ces voyages apostoliques et de ces héroïques aventures que M. l'abbé Huc nous raconte
aujourd'hui.

Trois grandes époques se partagent l'histoire de la prédication chrétienne dans la Haute Asie.

Je ne parle pas ici des premiers temps apostoliques. Il ne paraît
pas douteux que l'Inde ait reçu la parole divine de la bouche de
l'apôtre saint Thomas. N'a-t-il pas même prêché dans la Chine? Cela
n'est pas improbable. Il faut bien se figurer que la Chine, à cette époque,
n'était pas aussi loin de l'Europe que nous le pensons : par la voie de mer,
l'empire romain, grâce à la possession de l'Egypte et à la navigation
des Arabes, touchait à l'Inde ; par la voie de terre, il était en rap-
port continuel avec l'empire parthique, et l'empire parthique touchait à la Chine. Les rapports, même directs, de l'empire chinois
avec l'un ou l'autre des Césars Antonins ne sont pas douteux. Rien

n'empêche que les *Sères* des anciens, qui élevaient le ver et fabriquaient la soie, n'aient été les Chinois. En tout, ne nous figurons pas que toute chose en ce monde, et surtout dans le monde asiatique, soit allée en se perfectionnant. Il y avait alors, entre la Méditerranée et le fleuve Jaune, bien moins de souverainetés diverses, bien moins de déserts, bien moins de barbarie, qu'il n'y en a aujourd'hui. Ce n'est pas pour rien que depuis le souffle mahométan a passé sur l'Asie.

Dès les premiers siècles donc, il y eut des églises, peut-être dans la Chine, certainement dans les Indes. Ces églises, comme celles de la Perse, dépendaient du patriarche de Séleucie, et la langue syriaque, conservée dans la liturgie des chrétiens de l'Inde, est un monument de cette fraternité chrétienne entre l'occident et l'orient de l'Asie. Leurs rapports ne furent pas rompus, même par l'hérésie. Quand le patriarche de Séleucie tomba dans l'hérésie de Nestorius, il entraîna dans sa chute les chrétientés asiatiques ; mais il ne brisa pas entre elles le lien de la foi et n'arrêta même pas tout à fait le zèle de la prédication chrétienne. Il continua de donner des évêques à l'Inde, des missionnaires à la Chine. Dans les monuments des Églises nestoriennes, le métropolitain de la Chine est cité parmi ceux qui dépendent du *Catholicos* de Séleucie, transféré depuis à Bagdad, aujourd'hui à Mossoul. Et enfin l'inscription de Si-ngan-Fou, mise aujourd'hui au-dessus de toute contestation par les études des orientalistes de notre siècle, témoigne hautement de ces prédications chrétiennes des nestoriens en Chine. Elle parle de la religion *lumineuse* (ainsi qu'elle appelle le christianisme) apportée, ou du moins propagée au septième siècle par le prêtre Olopeon, venu du Ta-thsin (l'empire romain); de la fondation d'églises nombreuses, de l'érection de couvents; des vicissitudes diverses de la foi, persécutée par les bonzes, protégée par les empereurs. Elle est signée d'un évêque et de plusieurs prêtres dont les noms indiquent une origine syriaque, et qui reconnaissaient pour leur chef spirituel le *Catholicos* Anan-Yeschouah. Plus tard, le nestorianisme se propage dans le centre de l'Asie: une nation tartare, celle des Kéraïtes, se fait chrétienne, et, dans l'enthousiasme de sa foi nouvelle, elle devient une conquérante redoutable. L'un de ses rois arrive jusque sur les bords du Tigre; et c'est lui, selon la conjecture très-vraisemblable de M. l'abbé Huc, qui serait ce prêtre Jean, si célèbre dans tout le moyen âge; ce prêtre-roi, conquérant et missionnaire, que les voyageurs allaient chercher, en qui les croisés mettaient leur espérance, dont les nourrices racontaient aux enfants les splendeurs, dont les trouvères chantaient les exploits, qui écrivait aux papes des lettres respirant tout l'enthousiasme et tout l'orgueil de la puissance, auquel les papes répondaient avec sympathie pour son zèle, avec espoir en son épée, mais avec une douce exhortation à entrer, par l'adhésion à l'Église, dans la plénitude de la foi chrétienne[1].

Ce zèle d'un côté, cette sympathie de l'autre, ont quelque chose qui me frappe. Quand on lit les rapports des premiers missionnaires catholiques qui, au treizième et au quatorzième siècles, pénétrèrent dans la Tartarie et la Chine, on est frappé de leur facilité à se rapprocher des nestoriens ; ils semblent presque oublier que ces chrétiens sont des hérétiques. Plus tard, sans doute, quand il y aura antagonisme entre les deux prédications, ils rencontreront des luttes, des manœuvres perfides, un antagonisme insidieux dont ils seront bien forcés de se plaindre. Mais, en attendant, il semble qu'ils sachent gré à tous ceux qui, par un motif quelconque, « ou par esprit de contention, ou par esprit de vérité, » comme dit saint Paul (*Phil.*, ii, 15, 19), ont annoncé le Christ. Et, de leur côté, attirés par cet accueil charitable, les nestoriens parlent fraternellement des catholiques. Dans l'Inde, au commencement du seizième siècle, des prêtres nestoriens, envoyés par le Catholicos Élie et venus par la Perse, se rencontrent tout à coup avec des prêtres portugais, auxquels Vasco de Gama vient à l'instant d'ouvrir la route des mers inconnue avant lui. Cette rencontre si inattendue semble avoir été pour les uns et pour les autres une joie sans mélange d'amertume. « Il y a, écrivent les nestoriens, dans la ville de Canaor, une vingtaine de Francs. Lorsque nous arrivâmes dans cette ville indienne, nous leur fîmes savoir que nous étions chrétiens et nous leur indiquâmes nos titres et nos qualités. Ils nous accueillirent avec grande allégresse, nous donnant de leurs habits et vingt drachmes d'or, voulant ainsi, à cause du Christ, rendre hommage à notre mission. Nous demeurâmes deux mois et demi auprès d'eux, et, à certains jours déterminés, ils nous demandaient de célébrer les saints mystères. Ils possèdent un oratoire où ils vaquent à la prière. Leurs prêtres font tous les jours les cérémonies de l'oblation et du sacrifice : telle est leur habitude. Aussi le jour du Seigneur, après que le prêtre avait célébré, nous étions admis à faire également nos saints offices. Ce spectacle réjouissait les yeux. Leur pays s'appelle Portugal. C'est une des régions des Francs. Leur roi se nomme Emmanuel, et nous prions le divin Emmanuel de le protéger[2]. »

Aujourd'hui, certes, lorsque les missionnaires de la vérité se rencontrent avec ceux de l'erreur, il n'y a rien et il ne saurait plus rien y avoir de cette sympathie. Cette omission, ou, si l'on veut, cette ignorance des points de dissentiment, n'est plus possible. Quelle que soit la circon-

---

[1] Bref du pape Alexandre III, adressé *Indorum regi sacerdotum sanctissimo* (1177).

[2] Assemani, *Bibliotheca Orientalis*, t. II, p. 488.

spection de ceux-ci, la charité de ceux-là, la courtoisie de tous, l'antagonisme s'établit à l'heure et à l'instant même.

Est-ce à dire que les allures de l'Église sont changées? Est-ce qu'elle avait autrefois envers les hérétiques une douceur et une tolérance qu'elle n'a plus? Il s'en faut bien. Mais c'est que les hérésies d'autrefois, si coupables et si condamnables qu'elles fussent, ne ressemblaient pas à l'hérésie d'aujourd'hui. Le schisme de Nestorius, celui d'Eutychès, celui de Photius, ont certes été bien condamnables; mais au moins ils ne touchaient qu'à un seul point de la doctrine; le dernier moine manquait à l'obéissance sans manquer à la foi. Ces hommes pour tout le reste demeuraient chrétiens. Ils persistaient pour tout le reste, et ils persistaient encore dans l'esprit de tradition, dans les enseignements qu'avaient reçus leurs pères, dans la foi au divin sacrifice, dans le culte des saints, dans le culte des images, dans l'invocation de la Vierge bénie. Les nestoriens eux-mêmes, qui refusent à Marie le titre de *Mère de Dieu*, interrompent cependant le cours de leur sacrifice pour la saluer avec les paroles de l'Archange. Je n'ai point le droit de savoir et de dire quelle vertu naturelle ou surnaturelle peut rester encore à ces éléments de la piété chrétienne conservés en dehors de la communion de l'Église; mais ils ne peuvent subsister sans garder une certaine puissance morale et un certain droit à une compassion amicale de notre part. Le Grec, qui vénère les saints et suspend à tous les coins de ses rues une image de la Panagia; le pauvre soldat russe qui, prisonnier ou malade dans son ambulance, tire de son sein le scapulaire ou la médaille bénite et récite ouvertement sa prière sans avoir seulement un scrupule de respect humain; ces autres soldats qui, en Hongrie, trouvant une église catholique démolie par les révolutionnaires, s'agenouillent, prient, puis mettent le tambour au milieu de l'église, et vont chacun y déposer leur pauvre kopeck qu'ils donnent au prêtre pour la réparation de l'église : comment voulez-vous que je n'aie pas pour eux quelque sympathie, et que nos cœurs, qui par malheur ne se rencontrent point dans la foi de l'Église, ne se rencontrent pas un instant dans le culte de Dieu, dans la confiance en Marie et dans la vénération des saints lieux? Mais un protestant qui insulte à tout ce que j'aime, qui dévaste nos Églises, qui blasphème la sainte Vierge, qui refuse sa foi et son respect à l'Eucharistie, qui méprise les saints et détruit leurs images, que voulez-vous que je lui dise? Théologiquement parlant il est chrétien, je n'en doute pas; mais j'ai quelque peine à trouver ce que son christianisme a de commun avec le mien. Le protestantisme n'est pas une hérésie partielle comme celle de Nestorius ou d'Eutychès : c'est une hérésie par laquelle le christianisme tout entier est faussé; même la corde vraie qu'il conserve sonne faux sous ses doigts. Il n'a pas tout nié; mais d'un côté, en ouvrant la porte à l'inspiration arbitraire ou à l'examen individuel, il a fait la religion personnelle au lieu d'être commune ; il a fait autant de christianismes divers qu'il y a de chrétiens ; s'il n'a pas tout nié, il a rendu tout niable. Et, d'un autre côté, la vérité qui lui reste, il lui donne parfois un accent si aigre, il l'amollit tellement par le vague de sa pensée, quand il ne la durcit point par le rigorisme de son esprit, qu'on la reconnaît à peine et qu'on est tenté de ne plus l'aimer.

Et cette différence entre le christianisme personnel des hérésies occidentales et le christianisme traditionnel des hérésies de l'Orient s'est bien fait sentir lorsque, après avoir circonvenu de leur mieux par des flatteries et des libéralités les églises orientales, les missionnaires protestants sont venus à leur proposer la réunion. Ils s'adressaient pourtant à des nestoriens, de tous peut-être les plus hostiles à l'Église catholique. C'était une thèse courante depuis bien longtemps dans le protestantisme que la similitude entre les Nestoriens et les Calvinistes. Il y a plus de cent ans, la Croze, bibliothécaire du roi de Prusse, publiait un livre où il prétend démontrer que les nestoriens de l'Inde, appelés chrétiens de saint Thomas, avant qu'un évêque portugais les eût réunis à l'Église, étaient de véritables protestants. Sa thèse avait été répétée sur tous les tons. Il n'en est pas moins vrai que, lorsqu'en Perse, au centre du nestorianisme, après bien des cajoleries, on a voulu obtenir de ces chrétientés si dégénérées, si pauvres, si souffrantes, si persécutées parfois, et que la protection anglaise eût mises à l'abri de la persécution; de ce clergé si peu instruit, si indigne, si relâché, un acte solennel d'union avec le protestantisme, on a été refusé. Il s'est trouvé là encore assez de christianisme traditionnel, assez de souvenir des apôtres et des martyrs de la Perse, assez de respect pour soi-même, pour les antécédents et pour la foi de son Église, assez d'esprit catholique, en un mot, chez ces hérétiques, pour qu'il en fût ainsi. C'était bien assez de l'erreur déjà très-funeste, mais enfin partielle et définie de Nestorius; on n'a pas voulu de l'erreur indéfinie de Calvin.

La prédication nestorienne fut donc, du septième au douzième siècle, à peu près la seule qui se fit entendre dans la haute Asie. Mais, au treizième siècle, la face de l'Asie tout entière changea complétement, et les événements en apparence les plus hostiles à la prédication catholique la ramenèrent sur ce théâtre d'où l'erreur nestorienne la tenait écartée. La conquête la plus rapide, et sans aucun doute, la plus vaste dont l'histoire rende témoignage, signale le commencement du treizième siècle. Un chef de Tartares Mongols, nomade, indigent, barbare, illettré, devenu en peu d'années le souverain d'un empire plus étendu que ne l'est aujourd'hui l'empire russe, aussi peuplé peut-être que l'a jamais été l'empire romain, Témoutchin, sous le prophétique surnom de Tchinguiz-Khan (le khan des forts) étendit ses ravages depuis le fleuve Jaune jusqu'à l'Euphrate, et depuis la Chine jusqu'à la Crimée.

Cette conquête eut au plus haut degré le caractère de la barbarie. La victoire ne fut jamais si impitoyable. Des villes puissantes disparurent sans laisser de trace, des contrées peuplées devinrent des déserts. A Michabour, capitale du Khorassan, la rage de tuer alla jusqu'à massacrer les animaux domestiques. Ailleurs on construisit avec les têtes d'hommes coupées d'immenses pyramides sur le sol d'une ville qu'on avait mis quinze jours à détruire. Ces hommes se sentaient, comme Attila, une sorte de mission dévastatrice ; ils étaient les envoyés de Dieu pour punir le monde. Si vous me demandez, disait Tchinguiz, de quel droit je vous reprends, je vous répondrai que je suis le fléau de Dieu, et que, si vous n'étiez pas de grands coupables, Dieu ne m'eût pas lancé sur vos têtes.

Et cependant un certain sens politique ne tarde pas à se montrer chez ces hommes que l'on eût volontiers pris pour des bêtes féroces. Ils s'aperçoivent bientôt de leur situation difficile entre les trois grands symboles religieux qui se partagent l'Asie : le christianisme, le mahométisme et le bouddhisme. Très-dégagés de foi et de traditions personnelles, n'ayant apporté des steppes de la Mongolie que la croyance au sabre tombé du ciel et quelques pratiques superstitieuses auxquelles ils ne tiennent guère, ils se posent dès l'abord en monarques philosophes, en grands politiques dignes du dix-huitième siècle, indifférents et sublimes au milieu de cette diversité de croyances, les tolérant toutes, les protégeant toutes, pour les dominer. Tchinguiz-Khan, ayant une chrétienne pour femme, des chrétiens, des mahométans, des idolâtres pêle-mêle dans son armée, laisse à son successeur la recommandation d'honorer tous les autels, mais de ne s'attacher à aucun ; de protéger les ministres de tous les cultes sans se soumettre à aucun d'eux. Cette recommandation, après lui, sera fidèlement suivie ; les khans de la Tartarie auront auprès d'eux, et avec des honneurs à peu près égaux, des prêtres chrétiens, des lamas et des imans. Ils protégeront les superstitions des bouddhistes, autoriseront la prière des musulmans, assisteront au sacrifice et accepteront même, à titre de pure cérémonie, le baptême des chrétiens. Ils ne se feront sérieusement les disciples d'aucune croyance, et ne se sentiront pas moins libre de soutenir ou de persécuter, si la politique le leur demande, telle croyance qu'ils jugeront à propos.

Et c'est là ce qui, avec le cours des temps, amena cette situation étrange par suite de laquelle ces hideux Tartares, déistes au fond de l'âme, avec quelques superstitions grossières, furent un moment les auxiliaires du christianisme. Ils ne tardèrent pas à s'apercevoir que le mahométisme était en Asie leur grand ennemi. Le mahométisme est,

par sa nature, guerrier, conquérant, dominateur; il se personnifiait en
Asie par de grandes monarchies, déjà en décadence, il est vrai,
mais encore puissantes et armées. Ce fut le sultan d'Egypte qui, le
premier, arrêta les armées mongoles et força le torrent à rétrograder. On
vit alors ces Tartares, qui avaient fait la terreur de la chrétienté,
préoccupé saint Louis, troublé le sommeil de Blanche de Castille;
qui, en Pologne, en Russie, en Hongrie, avaient incendié les églises,
égorgé les prêtres, multiplié les persécutions et les martyrs; contre
lesquels les rois avaient invoqué le secours des papes, et les papes
prêché la croisade, on les vit se rapprocher peu à peu des puissances de
l'Occident, surtout depuis que, par la croisade de saint Louis, les puissances occidentales se furent rapprochées d'eux, et que le renom des
armées franques eut frappé leurs oreilles. Alors, de leur demeure tartare
de Karakoroum, de cette steppe située au bout du monde, où Tchinguiz-Khan, pour la première fois, avait convié les hordes mongoles à
la conquête de la terre, les messagers commencèrent à aller et venir
vers Rome, Paris et Londres. Le roi des rois, le kha-khan, qui avait
besoin des chrétiens, et moins que lui encore, les princes ses vassaux,
qui, sur le Wolga ou sur l'Araxe, étaient de redoutables et de puissants
monarques, ne se firent faute d'adresser de belles paroles aux papes,
à saint Louis, à Edouard Ier, à Philippe le Bel. Ils ne démentirent
même pas les espérances que l'on avait de leur baptême; et, grâce aux
équivoques d'un langage qu'on ne pouvait comprendre qu'à travers
de douteuses traductions, grâce au caractère parfois équivoque des
messagers eux-mêmes, dont quelques-uns ont bien pu être des aventu-
riers sans mission, on crut plus d'une fois le grand khan tout converti.
Par ces ambassades, les princes mongols ne proposaient pas autre
chose que de combattre ensemble les khalifes, de conquérir la Terre-
Sainte, de délivrer Jérusalem et de partager les dépouilles du mahométisme, en laissant, comme de raison, les saints Lieux aux princes
chrétiens. Eux-mêmes étaient à l'œuvre; le khalifat de Badgad suc-
combait sous leurs coups, et peu s'en fallut que Jérusalem ne fût re-
conquise, et le mahométisme chassé de la Syrie par la seule main des
Tartares.

Malheureusement l'esprit des croisades en ce siècle était déjà bien af-
faibli. Déjà la chrétienté, profondément divisée, n'avait pu se réunir
pour protéger l'orient de l'Europe contre l'invasion mongole : elle ne
put pas non plus se réunir pour aider les Mongols à vaincre le crois-
sant. Les papes en vain accueillirent les envoyés tartares, appelèrent
en vain l'Europe à la guerre sainte. La seconde moitié du treizième
siècle n'est plus le siècle des croisades. Les croisades de saint Louis
furent son œuvre personnelle à laquelle il conduisit ses peuples plus
qu'il ne les y convia.

Mais ce qui résulta du moins de ces rapports entre lés capitales européennes et le désert de Cobi, c'est que les routes s'ouvrirent vers l'Orient. Dès le milieu du treizième siècle (1245), le concile de Lyon envoya une double ambassade, à la fois politique et apostolique, l'une, de dominicains, au khan Baïdjar, en Perse ; l'autre, de franciscains, au grand khan, en passant par les bords du Wolga et les steppes de la Tartarie. Le franciscain Jean de Plan Carpin arriva jusqu'à la horde impériale, remit au khan un bref d'Innocent IV, et nous donna la première relation d'un voyage européen en Tartarie (1246-1257). Au temps de la croisade de saint Louis, une autre députation de dominicains, envoyée par ce prince, porta au grand khan, que l'on persistait à supposer chrétien, une magnifique chapelle en forme de tente (1248-1250). Un peu plus tard, nouveau besoin de convertir, nouvelle ambassade ; le moine franciscain Rubruk (Rubruquis) entreprit cet aventureux voyage de Tartarie, et vit encore le camp de la horde jaune (1253-1255). Il faut le dire, la plupart de ces envoyés furent tristement reçus, écoutés avec curiosité plutôt qu'avec intérêt, et compris tout simplement dans le catalogue d'ambassadeurs tributaires, de prêtres à la suite et de religions sujettes, que l'orgueilleuse tolérance du chef des Tartares se faisait gloire de traîner après elle. Mais, peu importe. la route était tracée ; elle devait être suivie par la civilisation, par le commerce et surtout par la foi chrétienne. Gênes et Venise, ces opulentes rivales, y poussèrent leurs marchands ; les trois célèbres négociants vénitiens Polo firent jusqu'à trois fois le voyage du Cathay et de Kambaluk (Pékin). Rome surtout poussa sur cette route ses missionnaires. Innocent IV établit la société des Frères voyageurs en Jésus-Christ, composée de dominicains et de franciscains ; et tel fut dans les deux ordres, saintement rivaux, le zèle pour s'y enrôler. qu'il fallut l'arrêter, afin que les chapitres et les couvents d'Europe ne restassent point déserts. Jamais, certes, auparavant, soit par terre, soit par mer, il n'y avait eu un tel passage de l'Europe à la Chine. Par terre, même aujourd'hui, il n'y en a pas encore un pareil. Le commerce anglais, aidé de la vapeur, de ses millions. de ses canons, n'a pas encore pénétré là où pénétrèrent alors quelques moines, à pied, sans armes et sans argent.

C'est ici la seconde grande époque de la prédication chrétienne dans la haute Asie, et les fruits en furent admirables. Jean de Plan Carpin et Rubruquis n'avaient été que des ambassadeurs ; le khan des Tartares les avait renvoyés avec une réponse plus ou moins fière sans leur laisser le temps de prêcher. Mais ceux qui leur succédèrent sur cette route une fois comme, missionnaires moins officiels, purent répandre la foi, fonder des églises; et une chrétienté véritable, sur les débris de la chrétienté nestorienne tombée dans le déclin. s'éleva en Chine et dans la Tartarie. A ce moment du reste (1305) on pouvait croire le nestorianisme rentré dans le sein de l'Église ; le Catholicos de Séleucie avait fait acte de soumission envers Rome. C'est alors qu'une église catholique s'éleva à Pékin, que Jean de Mont-Corvin, illustre par cinquante ans de prédication et de voyages (1298-1331), en fut le premier archevêque catholique, et que trois évêchés rayonnèrent autour de lui. Il y eut alors une grande époque pour l'Église, et ce fut incontestablement celle où la propagande de la foi dans les contrées asiatiques fut la plus brillante et la plus active. Rome était pourtant dans le deuil ; le Saint-Siége avait été transféré à Avignon; l'Eglise était attristée et amoindrie par ce veuvage. Mais, à cette époque-là même, la Géorgie, la Perse, la Crimée, la Chine, la Tartarie, recevaient des missionnaires catholiques. Jean XXII, du fond de son palais d'Avignon, stimulait partout le zèle des missionnaires, appelait les païens à l'Évangile, les nestoriens et les jacobites à l'unité catholique, fortifiait et raffermissait la congrégation des *Frères voyageurs en Jésus-Christ* : Jean de Mont-Corvin mourait après avoir en Chine converti 30,000 infidèles; la Crimée devenait chrétienne ; Benoît XII recevait en 1338 une ambassade du khan des Tartares. Au nord même de la Grande-Muraille, les missionnaires franciscains se constituaient régulièrement : et enfin telle était l'influence chrétienne dans le centre de l'Asie, que, dans le Thibet, le bouddhisme lui-même se réformait sur le modèle de l'Eglise et que son prophète Tsong-Kaba n'est qu'un copiste et un disciple infidèle des missionnaires catholiques.

Ainsi le christianisme se développait, grâce à la seule tolérance de l'empire tartare ; bien que les fils de Tchinguiz-Khan, parfois infidèles à sa maxime, ne laissassent pas de fléchir, à l'Occident vers le mahométisme, à l'Orient vers le bouddisme, peu importe : cette politique vacillante et neutre suffisait à l'Église. Mais, quand l'empire tartare tomba, les religions indigènes reprirent leur force et étouffèrent de nouveau le christianisme. La Chine redevenue indépendante (1369) se tint en garde plus que jamais contre tout ce qui lui venait de l'étranger. A l'Orient, Tamerlan, probablement déiste comme Témoutchin, mais déiste persécuteur, écrasa le christianisme asiatique sous les ruines dont il couvrait l'Asie.

Une troisième époque, après celle de la prédication nestorienne et celle de la prédication catholique des Franciscains, s'ouvre maintenant à notre étude. Après un sommeil de près de cent ans, les missions chrétiennes se réveillent en Asie. Ce ne sont plus les plateaux de la Tartarie, vastes déserts blanchis d'ossements humains ; mais c'est la mer, qui, grâce à la découverte de Vasco de Gama, amène les missionnaires européens, dans l'Inde d'abord, puis dans la Chine. Je n'ai pas besoin de raconter cette histoire mieux connue, qui s'ouvre avec saint François-Xa-

vier et qui se continue à cette heure par les apôtres et les martyrs de 1857.
Je perdrais mon temps à l'abréger ; car je rappellerais aux lecteurs ce
qu'ils se rappellent déjà. Pour apprendre ce qu'ils ignorent ou se rappe-
ler ce qu'ils ont oublié, il faut qu'ils lisent le second volume de M. Huc.
C'est là qu'ils verront la prédication chrétienne se faisant savante pour
un peuple païen, et employant, pour gagner la civilisation chinoise,
la supériorité de la civilisation européenne. Le P. Ricci séduit les
mandarins et l'empereur lui-même en lui faisant voir les merveilles
de l'horlogerie européenne ; le P. Adam Schall, devenu « président de
la littérature Céleste, » calcule les éclipses, réforme les calendriers,
fond des canons, met une science universelle au service de l'empereur chinois pour qu'il lui permette d'enseigner la science du salut.
Le monde savant de Pékin en effet n'est pas loin de se laisser gagner.
L'Académie des Han-lin, comme l'aréopage d'Athènes, a son Denys
qui au sein de la science et de la dignité païenne, aspire à la science
chrétienne ; les trois docteurs, Paul, Michel et Léon, se convertissent ;
le premier ministre de l'empereur est un chrétien. Et, lors qu'au
milieu du dix-septième siècle une révolution bouleverse cet empire que tant de révolutions ont troublé, la nouvelle dynastie tartare, qui en devient maîtresse, semble devoir, comme la dynastie
tartare de Tchinguiz-Khan, apporter au christianisme une nouvelle
ère de liberté et de progrès. L'Eglise chinoise, loin d'être ébranlée
par la tempête politique, semble y puiser des forces nouvelles ; ses
chrétientés sont respectée ; le P. Adam Schall, toujours président de la
littérature Céleste, est de plus l'ami, le confident, le conseiller de deux
empereurs. Le règne de la dynastie mantchoue semble devoir être aussi
favorable à la cause de la foi catholique que l'a été autrefois le règne
de la dynastie mongole.

Ici s'arrêtent, non pas l'ouvrage, mais la partie publiée jusqu'ici de
l'ouvrage de M. l'abbé Huc. Il n'arrive pas encore au règne de Kang-hi,
c'est-à-dire à l'apogée du prosélytisme chrétien en Chine pendant l'é-
poque moderne. Nous souhaitons vivement la suite de ce travail. Le
dévouement des missionnaires chrétiens, leurs souffrances, leur martyre, cette faculté du martyre qui a été donnée à la seule Eglise catholique et qui persiste en elle sous nos yeux, tout cela, on le sait, on le
dit ; mais on ne le sait et on ne le dit pas assez : notre siècle n'est pas
assez fier de ses saints.

En finissant, comment ne pas jeter un regard sur l'avenir, quelque
obscur que soit l'avenir ? Comme le dit très-bien M. l'abbé Huc dans sa
préface, « tout ce que nous voyons nous autorise à penser que les enfants de Japhet ne tarderont pas à recueillir l'héritage qui leur a été
légué après le déluge par le testament de Noé. » Mais, comme il le dit
aussi, ne faut-il pas que tous les enfants de Japhet s'apprêtent à pren-

dre leur part de cet héritage? et nous en particulier, nous qui sommes pour l'Asie la seule nation catholique qu'elle connaisse, n'est-il pas de notre devoir d'être présent au milieu d'elle, non-seulement par nos missionnaires dont le courage ne manque nulle part, mais par notre nom et notre drapeau?

Or, il me semble (si, en pareille matière, on a droit de parler lorsqu'on est très-loin de la politique, mais, qu'on est un peu de son pays et beaucoup de son Église), il me semble que ce n'est point là ce qui se passe[1]. Je vois bien les enfants de Japhet gagner du terrain partout, mais ces enfants sont tous d'une même branche; je vois un drapeau qui est partout planté, mais ce drapeau est toujours le même et n'est point celui de la croix; je vois un peuple chrétien devant les pas duquel le monde s'abaisse, mais c'est un peuple, et non toute la chrétienté. La Chine s'ouvre, je le crois, c'est-à-dire qu'elle ouvrira peut-être de mauvaise grâce une porte à laquelle on a un peu brutalement frappé, mais elle s'ouvre au peuple anglo-saxon; la Perse cède à la peur et livre les bouches de l'Euphrate à des navires chrétiens, mais c'est à des navires anglo-saxons; le Japon lui-même, ce sanctuaire jusque-là si impénétrable, cette citadelle d'une liberté nationale hautaine et jalouse, le Japon reçoit des flottes et signe des traités, mais ces flottes sont anglo-saxonnes; l'Amérique se peuple, se défriche, s'exploite surtout, se civilise même, je veux bien dire ce mot; on assure que les chemins de fer, les bateaux à vapeur, les manufactures, la culture du coton et surtout l'esclavage y sont en un continuel progrès, mais c'est toujours sous la main, sous le sabre, ou, pour mieux dire, sous le révolver anglo-saxon et au profit des Anglo-Saxons. Une seule race donc, un seul peuple, moralement et physiquement un, quoique sous deux souverainetés différentes, représente la descendance de Japhet tout entière; pour l'Asie, l'Afrique, l'Amérique et l'Océanie, il est à lui seul, ou peu s'en faut, toute l'Europe, toute la chrétienté, le seul exploitant du monde, le seul actionnaire de la civilisation, le seul commanditaire du progrès. Et ce peuple est le même qui, en Europe, trouble l'Italie, menace la papauté, souffle sur toutes les braises des révolutions à demi éteintes et emmagasine tous les tisons refroidis pour s'en servir au besoin.

J'avoue humblement que cela me refroidit un peu dans mon zèle pour le progrès et dans mon enthousiasme prophétique en faveur des enfants de Japhet. Je rends certes une justice pleine d'admiration aux

---

[1] J'ai besoin de dire que ce qui suit était écrit bien avant la nouvelle de l'insurrection des Indes. Tout en redoutant pour la liberté du monde et la liberté de l'Église, l'agrandissement de la puissance anglo-saxonne, je ne suis pas de ceux qui espèrent sa chute dans les Indes et qui s'en réjouissent. Cette chute ne pourrait être que le triomphe de la barbarie mahométane et païenne la plus atroce sur une civilisation après tout chrétienne.

grandeurs et aux vertus de la race anglo-saxonne de ce côté-ci, et même, si on l'exige, de l'autre côté de l'Atlantique. Je conviens que ce sera une touchante uniformité lorsque, du pôle nord à l'équateur et de l'équateur au pôle sud, le réseau du chemin de fer universel, enfin complété, portera partout le *Times* et les *Traités religieux*, et convertira le monde entier à la religion de Henri VIII, à la coutellerie de Sheffield et aux cotonnades de Manchester ; lorsque partout, avec une régularité édifiante, les miss puritaines prendront le thé à la même heure ; que partout, à la même heure, les ouvriers s'enivreront religieusement avec du gin ; lorsque, tous les dimanches, à la même heure, on lira régulièrement la Bible anglaise approuvée par Sa Majesté Jacques Ier, après quoi les femmes passeront régulièrement la journée à regarder à travers une vitre fermée la rue déserte où la pluie tombe régulièrement. Quand le monde, d'un bout à l'autre, sera ainsi fait, il sera sans doute à l'apogée de sa destinée, au comble de sa civilisation, au zénith de son progrès, et on n'aura plus qu'à attendre le jour du jugement dernier et la réprobation des pécheurs avec cette satisfaction de soi-même et ce mépris d'autrui qui caractérise le méthodisme.

Tout cela est fort beau, sans doute ; j'ai le tort, pourtant, et comme chrétien, et même comme ami de la civilisation, de vouloir quelque chose de plus, de préférer l'esprit français au *cant* anglais, nos mœurs et nos langues néo-latines au parler et aux façons d'outre-Manche, les institutions locales des peuples européens aux importations anglaises, le soleil même au charbon de terre, et, par-dessus tout, le chapelet au *Common prayer book*. Par moments je me sens cette fantaisie de souhaiter à l'Amérique centrale de rester barbare à la façon des colons espagnols, plutôt que d'être civilisée à la façon des flibustiers yankees armés pour la sainte cause de l'esclavage. Et surtout, pour parler tout à fait sérieusement et pour rentrer dans mon sujet, j'éprouve une amère douleur en me disant que la terre défrichée par nos missionnaires serait livrée à des négociants distributeurs de bibles, que ceux qui seuls ont franchi la frontière chinoise, prêché au péril de leur vie et fondé des chrétientés avec leur sang, seraient, grâce à la prépondérance politique de la Grande-Bretagne, supplantés par ces touristes honnêtes qui se sont gardés de jamais dépasser les factoreries de Canton et la portée des canons anglais, et dont beaucoup sont missionnaires en ce sens seulement qu'ils ajoutent à leur commerce une subvention des sociétés bibliques.

Mais « espérons des choses meilleures. » Et ce qui me paraît ressortir de tout ceci, c'est que, plus que jamais, aujourd'hui, l'Église catholique, l'esprit catholique est la seule sauvegarde de la liberté du genre humain. Si l'Asie doit être conquise par l'Europe (je n'en suis pas encore sûr), qu'elle soit conquise par l'Europe catholique et qu'il

se fasse une Europe catholique pour accomplir cette conquête, ou que
du moins la France, seule espérance de la catholicité en dehors de
l'Europe, intervienne et intervienne catholiquement dans cette conquête. Mais, si l'Asie n'était destinée qu'à devenir un grand fief britan-
nique sur lequel les deux nations anglo-saxonnes s'appuieraient un jour
pour écraser tout ce qui, en ce monde, appartient encore à l'ancienne
Europe, à la race latine, à l'esprit méridional, à la liberté, je ne dirai
pas politique, mais intellectuelle et morale, à l'Église catholique, à la
religion vivante et sympathique de nos pères ; s'il devait en être ainsi,
ne serions-nous pas tenté de demander qu'on tirât le canon pour la
cause du grand dragon jaune, pour que les mandarins restent en place
et pour que les Chinois demeurent Chinois ?

Je demande pardon à M. l'abbé Huc et à mes lecteurs de m'être
laissé entraîner si loin ; j'aurais dû parler de lui davantage, s'il eût été
besoin de recommander un livre que recommandent d'avance et le nom
de l'auteur et son sujet. Nous lui demanderons seulement, si sa seconde
édition n'est pas encore prête, de revoir les dates, qui, par la faute sans
doute de l'imprimeur, sont trop souvent absentes, quelquefois inexactes
et contradictoires. Ailleurs, par une inadvertance de même nature, l'empereur Frédéric II est appelé deux fois Frédéric Barberousse ; Frédéric II était trop Méridional, trop Italien et trop Sicilien pour mériter ce
surnom. Je relève ces misères par suite d'un vieux préjugé qui est de
supposer que les lecteurs lisent pour savoir et désirent savoir exacte-
ment, même les détails ; c'est un préjugé du temps passé auquel je suis
sujet, mais auquel M. Huc, je le sais, est sujet comme moi. Il a tenu
à faire un livre excellent, et je tiens à faire son livre parfait.

www.ingramcontent.com/pod-product-compliance
Lightning Source LLC
LaVergne TN
LVHW010820180726
843502LV00009B/3451